Copyright © 2011 por Danielle Jacobs

Reservados todos los derechos.
Prohibida la reproducción total o parcial de este libro, por cualquier medio, sin permiso escrito del autor.

ISBN-10:
0984962638
ISBN-13:
978-0-9849626-3-1

Dedico este libro a todos los niños, quienes sin elección, se encuentran en medio de conflictos entre padres.

Agradecimientos

Quiero agradecer a mi amado esposo, por creer en mí, por motivarme y apoyarme mientras escribía este libro. También especial agradecimiento a mi padre, Robert, quien fue el primero en leer la historia de Nina; por su apoyo incondicional. Y por último, a mi hermana Esther, y mi amiga Caroline por sus valiosas sugerencias.

Introducción para padres: cómo usar este libro.

El divorcio así como la separación son procesos estresantes en un momento de cambios para todos los miembros de la familia. Todo aquello que resultaba conocido y seguro ahora se torna inseguro e incierto. Para ti, como padre, significa dejar de lado el sueño de envejecer juntos. Significa mudarse, dividir los bienes y responsabilidades, adaptarse a una nueva situación económica, acostumbrarse a ser soltero nuevamente, aceptar cambios en tu vida social, y lidiar con todas las emociones que acompañan todos estos cambios.

A veces como padre, necesitas tanta energía para enfrentarte con los cambios por los que estas pasando, tanto emocionales como materiales, que puedes olvidar explicarles a tus hijos que es lo que cambiará para ellos y cómo esto puede afectarlos. Como padre recién divorciado, simplemente puedes no darte cuenta que cambiará para tu hijo o hija (y para ti). En ocasiones los padres cometen el error de creer que su hijo o hija no entenderá si intentan explicarle lo que sucede. Lo cierto es que los niños entienden si les hablas con un lenguaje apropiado de acuerdo con el desarrollo del niño.

Soy conciente de que es imposible personalizar este libro para cada situación única y particular. Ese no es el propósito del libro. El libro puede ayudar a explicarle a tu hijo o hija por lo que él o ella pueda estar pasando. Puede brindarle un marco de referencia así como también herramientas para discutir los conflictos que enfrentan los niños durante el divorcio. Idealmente, el niño leerá el libro con cada uno de sus padres para luego poder discutir la temática con cada uno de ellos.

Este libro ilustra como Nina lucha con sus emociones de tristeza, ansiedad de separación, ira y culpa causada por la separación. Muestra la ambivalencia de Nina sobre la visita a uno de sus padres y aquel que deja de lado. Estas son sensaciones que experimentan la mayoría de los niños durante un divorcio, y la mayoría de estos se identificaran con Nina. El libro muestra las ventajas y desventajas de tener dos hogares. Como casi cada niño en situación de divorcio, Nina es leal a sus dos padres y mantiene fantasías de reconciliación de ellos.

Antes de comenzar a leer el libro con tu hijo o hija, asegúrate de que haya un ambiente de armonía. Busca un momento de tranquilidad y un sitio cómodo para sentarte con tu hijo o hija. La mayoría de los niños disfrutan sentarse en el regazo de sus padres o estar cerca de estos mientras les leen. Los niños pequeños se sienten el centro del universo, y puede que identifiquen su propia situación mientras leen el libro. ("Yo también tengo dos hogares" o "mi papá se fue a otra casa también"). Esto es muy factible de esperar. Escucha lo que tu hijo o hija tenga para decirte y trata de responder afirmativamente y tranquilizándole antes de proseguir con la historia. De esta manera, el niño comprende que se trata de una temática que puede conversar contigo libremente. Aunque tú tengas tu versión de los hechos, procura no traer tus sentimientos acerca del divorcio o tu 'ex' a colación. Solo escucha a tu hijo y acepta sus pensamientos y sentimientos; de esta manera le das a entender que lo que él o ella tenga para decir es importante y valioso de ser oído. Así no solo tendrá un efecto positivo en la autoestima de tu hijo o hija, sino que también construirá la confianza necesaria entre tú y tu hijo o hija.

También puedes tomar elementos de la historia de Nina para generalizarlos en el día a día de tu hijo o hija refiriéndote a la protagonista cuando la temática sea apropiada. Por ejemplo, si tu hijo o hija regresa a casa luego de visitar al otro padre y el niño se encuentra triste, podrías preguntarle al respecto para ayudarlo a ponerle palabras a sus emociones. Si al preguntar "¿Qué sucede?" no consigues respuesta alguna, podrías decir, por ejemplo, "Se que no es sencillo vivir en dos hogares. ¿Te acuerdas de Nina? Ella extrañaba a su Mami cuando estaba con Papi. ¿Extrañaste a Mami también? Nina se sentía triste al decirle adiós a Papi ¿Te sentiste triste al decirle adiós a Papi también?".

El libro también puede ser de utilidad para que amigos y familiares de todas las edades puedan dar una mirada profunda al mundo del niño o niña cuyos padres estén pasando por un divorcio.

Cada situación familiar y cada niño son únicos; no todos los niños y sus padres tendrán la misma experiencia al leer este libro. Si creas una interacción positiva con tu hijo o hija al leer este libro, mientras le das palabras de entendimiento a aquellos sentimientos y emociones durante un tiempo de confusión y conflicto interno, facilitarás a tu hijo o hija adaptarse a la nueva situación.

Nina tiene cuatro años. Tiene una mamá y un papá, pero su mami y su papi no viven en la misma casa. Mami tiene una casa, y Papi tiene otra casa. Nina vive con Mami algunos días, y otros días vive con Papi.

Cuando Nina tenía dos años, la mamá y el papá de Nina vivían en la misma casa con Nina. Jugaban con los bloques y le leían a Nina su cuento preferido. Jugar con Mami y Papi la ponía contenta.

Pero la mamá y el papá de Nina no se llevaban bien. Solían decirse cosas feas el uno al otro. A veces Nina los escuchaba hablar con voces enojadas, y esto la ponía triste y la asustaba. A veces Nina lloraba.

Cuando Nina y su mejor amiga Kata pelean por un juguete, Mami siempre dice: "No peleen. Jueguen de buena manera". Luego Nina y Kata se reconcilian y vuelven a ser amigas. Nina dijo: "No peleen, jueguen de buena manera" a Mami y Papi. Sin embargo, esto no fue útil con mamá y papá. Aún tenían caras enojadas.

Un día el papá de Nina se mudó a otra casa. La mamá y el papá de Nina ya no querían vivir en la misma casa. Antes de partir, Papi le dijo a Nina que la quería, pero él se veía triste.

Nina tiene miedo de que su mami también se vaya. Esto la asusta. Mami le dice que no debe preocuparse por eso. Mami siempre cuidara de Nina, y no debe tener miedo de estar sola. Mami quiere mucho a Nina.

Cuando Nina está con Papi, le dice que desea verla lo mas seguido posible. En casa de papi comen frente al televisor. Con Mami debe sentarse a la mesa e ir a la cama a las ocho. Con Papi puede quedarse despierta hasta bien tarde.

Nina se da cuenta que Mami esta triste, y Nina nota que Papi esta triste. Ella no entiende. Se siente enfadada y, a veces, golpea sus juguetes. Quiere que Mami y Papi vivan juntos y ¡sean felices nuevamente!

A veces Nina regresa de casa de Papi cansada y confundida. Todos los cambios le provocan comportarse como si fuera de nuevo una bebé. Quiere tomar tetero y todo lo que desea es recostarse sobre el regazo de Mami. En ocasiones hasta moja sus pantalones. Mami comprende que son muchos cambios para Nina.

Cuando Nina está en su cama y es hora de decir "buenas noches", no logra dormirse. Desea que Mami y Papi vivan en la misma casa nuevamente. A veces llora. Cuando recibe un abrazo se siente un poco mejor.

Por momentos Nina cree que es culpa suya que Mami y Papi ya no vivan en la misma casa. Se pone triste cuando piensa en ello. Papi le dijo a Nina: "No es tu culpa que Papi viva en otra casa. Mami y Papi te quieren mucho, pero ya no deseamos vivir juntos".

¡Ahora Nina tiene dos hogares! Tiene dos camas, dos bicicletas, y dos casitas de muñecas. En casa de Mami Nina tiene muchos juguetes, en casa de Papi también tiene muchos juguetes. Nina se siente afortunada. Se pone contenta cuando juega con sus juguetes.

A Nina le gusta ir a casa de Papi. El la abraza, juega con ella, y le compra helado. A Nina le da pena dejar sola a Mami cuando se va con su mochila a casa de Papi. No le gusta ver a Mami con su cara triste.

A veces Nina llora y grita:"¡No quiero ir a casa de Papi!", es porque se siente triste de dejar a Mami. Mami le dice que no debe preocuparse por ella. Mami va a estar bien.

Cuando Nina esta con Papi extraña a Mami. Cuando Nina esta con Mami extraña a Papi. Nina desea que Mami y Papi vivan en la misma casa nuevamente. Mami y Papi dicen:"eso no va a suceder".

A veces Nina quiere jugar con su muñeca Sofía cuando está en casa de Mami. Mami le dice que Sofía está en casa de Papi y debe esperar a volver a casa de Papi. Nina quiere a Sofía AHORA y llora. No es sencillo tener dos hogares.

Hoy es el cumpleaños de Nina, cumple cinco años. ¡Va a celebrar su cumple dos veces! Tendrá dos tortas, una en casa de Mami, y otra en casa de Papi. A Nina le encanta comer torta.

Es el momento de abrir los regalos en casa de Mami y también en casa de Papi. Nina recibe abrazos de Mami, y también recibe abrazos de Papi. Nina juega con sus juguetes nuevos. Todos ríen y Nina está feliz.

Fin

Sugerencias para padres divorciados

1. Desafortunadamente, el divorcio es difícil para todos los niños que quedan atrapados en el medio. Ten presente que los niños son fuertes y se adaptaran con el tiempo. Recuerda que el conflicto entre padres dejará cicatrices. ¡Intenta aplicar control a las consecuencias!

2. Los niños pequeños necesitan horarios regulares y rutinas para sentirse seguros. Cambiarles la rutina les puede causar confusión y angustia. Aunque el divorcio sea un periodo de inestabilidad en su vida, intenta brindarle un hogar seguro a tu hijo o hija, con una rutina, consistencia y disciplina apropiada. Idealmente, ambos padres tendrán la misma rutina con los pequeños. Escribir las rutinas en un cuaderno, que el niño siempre lleva a casa del otro padre, es una buena manera de comunicarle sus rutinas diarias. Es imposible controlar lo que acontece en casa del otro padre, pero al menos intenta ser consistente en tu casa (esperemos que el otro padre haga lo mismo).

3. No te sientas culpable al poner límites al comportamiento de tu hijo o hija porque este "ya está sufriendo demasiado". Los niños necesitan límites y disciplina, así como también reforzamiento positivo. Esto incrementa su sentido de seguridad y autoestima.

4. No le pidas a tu hijo o hija que elija entre tú y tu ex esposo o ex esposa. Los niños son leales a ambos padres por naturaleza. Permítele a tu hijo o hija amar a su padre sin el temor a ponerlo triste o enfadado contigo. Los adultos deben decidir cuando, por cuánto tiempo, y dónde vera el niño a su padre o madre.

5. Permítele a tu hijo o hija pasar un buen momento con su otro padre. Dile a tu hijo que, a pesar de que va a extrañarlo, tu estarás bien. El niño no debería preocuparse por ti; ya bastante complicada es su situación.

6. La mayoría de los niños (cualquiera sea su edad) tienen fantasías de reunificación. Sé claro y no alimentes la esperanza de tu hijo de que Mami y Papi volverán a estar juntos.

7. Los niños pequeños suelen creer que es culpa suya (porque se comportaban mal) que sus padres estén separados. Afírmale a tu hijo o hija que no es culpa suya. Explícale que la separación fue tu elección, tú y tu pareja no se llevaban bien, y ambos consideran que es lo mejor para todos. Los niños pequeños no necesitan saber detalles sobre la razón del divorcio. Aún si los padres no viven juntos, nunca dejan de ser Mami y Papi. Ellos siguen preocupándose por su hijo y amándolo.

8. Tanto los abuelos como el resto de la familia son importantes en la vida de los pequeños. Para conformar su propia identidad, los niños necesitan saber de dónde vienen.

Asegúrate que tu hijo o hija sea capaz de establecer y mantener vínculos con el resto de la familia de cada una de las partes.

9. Si tu hijo o hija retrocede a una etapa anterior de su desarrollo (como mojar sus pantalones o comportarse como un bebé nuevamente), tómalo como un signo de ansiedad e impotencia. No castigues al niño. Al sentirse inseguro, como mecanismo de defensa, el niño puede retornar a una etapa anterior del desarrollo donde se sentían seguros y protegidos.

10. Los niños pequeños aún no tienen sentido del tiempo. Preséntale al niño de una manera visual cuando estará con cada uno de sus padres. Por ejemplo, dibuja corazones por la cantidad de días que el niño estará con uno de sus padres, y permítele pintar o pegar una calcomanía en un corazón cada día. Para hacerlo más visual coloca una fotografía del padre correspondiente sobre los corazones. Esto quita incertidumbre y le enseña al niño a sobrellevarlo. Ahora el niño sabe cuantos días pasaran antes de volver a ver a su otro padre nuevamente.

11. Si el contacto entre tú y el otro padre es demasiado difícil, y deseas evitar exponer a tu hijo o hija a un conflicto al llevarlo o recogerlo, considera pedirle a una persona de tu confianza (abuelo, tía, amigo) para así facilitar la transición.

12. Aunque sea difícil por momentos, no le hables negativamente a tu hijo o hija sobre el otro padre o su familia de origen. Tampoco lo hagas con otras personas si el niño pudiera oírte. Ten en cuenta, que aún si crees que tu hijo o hija no puede oírte, él o ella puede estar escuchando.

13. No utilices al niño para espiar entre los dos hogares. Pedirle al niño detalles sobre las actividades del otro padre (Ej. su vida amorosa) puede poner a tu hijo o hija en un conflicto de fidelidad con sus padres.

14. Es normal que en ocasiones tu hijo o hija este enojado con su otro padre. Los niños se enfadan cuando los padres les ponen limites. No utilices este momento para mostrar tu ira con tu propio resentimiento y frustración.

15. En lugar de planear actividades o salidas, deja tiempo a tu hijo o hija para relajarse y jugar tranquilamente luego de haber visitado a su otro padre.

16. Para evitar mayor estrés en el niño, no seas rígido al dividir la ropa, juguetes y otras cosas personales entre las dos casas.

17. Aún si debes enfrentarlo, dirígete con respeto al otro padre. Recuerda que tú eres un modelo a seguir para tu hijo o hija. Tu hijo aprende sobre relaciones humanas, y resolución de problemas al observarte.

Para mayor información sobre la autora y mediación, visite

www.disputeresolution.me

www.ingramcontent.com/pod-product-compliance
Lightning Source LLC
LaVergne TN
LVHW072053070426
835508LV00002B/83